שם הספר באנגלית: The Baby Unicorn Manifesto
מָנִיפֶסְטוֹ לְתִינוֹק חַד-הַקֶּרֶן

כָּל הַזְּכֻיּוֹת שְׁמוּרוֹת לְדֵיְין הִיר וְקַתְּרִינָה וַלֶנְטִין 2020 ©

ISBN: 978-1-63493-296-7

קְלִילוּת, שִׂמְחָה וּגְלוֹרִי

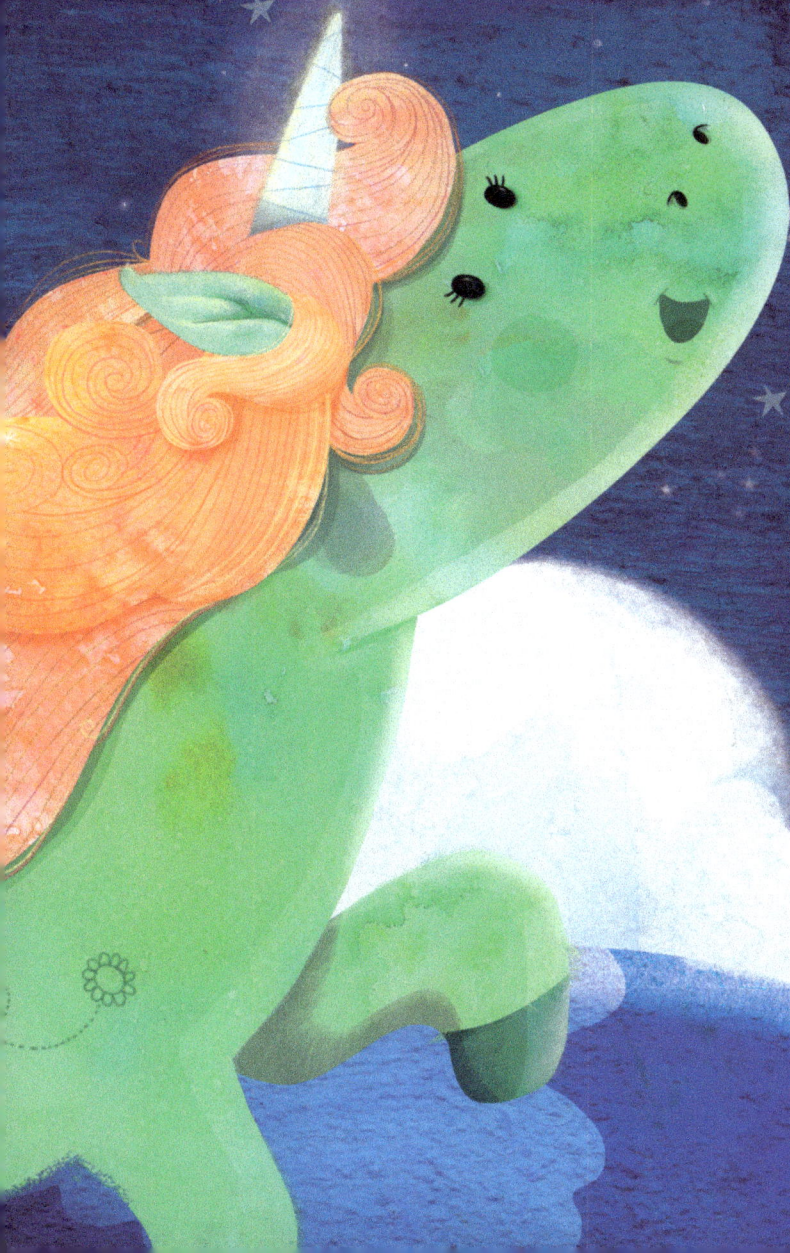

מָנִיפֶסְטוֹ
לְתִּינוֹק
חַד-הַקֶּרֶן

כְּשֶׁתִּינוֹק חַד-קֶרֶן בָּא לָעוֹלָם,
כָּל חָדֵי-הַקֶּרֶן בָּאִים בְּרִיצָה, מְנַתְּרִים,
דּוֹהֲרִים מִכָּל קַצְווֹת תֵּבֵל

אֶחָד-אֶחָד הֵם מִתְקָרְבִים לְתִינוֹק חַד-הַקֶּרֶן
לִלְחֹשׁ עַל אָזְנָיו הַקְּטַנְטַנּוֹת הַזְּקוּרוֹת וְהַצַּמְרִירִיּוֹת
אֶת סוֹד הַחַיִּים.

הַמִּלִּים יְלַוּוּ אֶת חַד-הַקֶּרֶן לְמֶשֶׁךְ כָּל חַיָּיו,
חֲרוּתוֹת לָעַד בְּלֵב צִבְעֵי הַקֶּשֶׁת הַקָּטָן וְהָרַךְ.

"אַתָּה מַתָּנָה", הֵם לוֹחֲשִׁים.

"מַתָּנָה שֶׁכְּמוֹתָהּ הָעוֹלָם מֵעוֹלָם לֹא רָאָה", הֵם אוֹמְרִים.

"אַתָּה תְּרוּמָה מַרְהִיבָה לָעוֹלָם וּלְחַיֵּינוּ,
וַאֲנַחְנוּ כָּל כָּךְ שְׂמֵחִים שֶׁאַתָּה כָּאן".

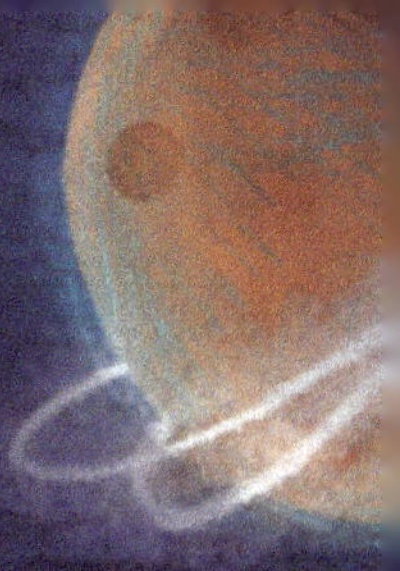

”הַנּוֹכְחוּת שֶׁלְּךָ מְאִירָה אֶת הָעוֹלָם בְּאוֹר יְקָרוֹת,

אַתָּה נוֹשֵׂא לְכָאן אֶפְשָׁרֻיּוֹת שֶׁטֶּרֶם נִתְגַּלּוּ“.

”כֵּן“, הֵם לוֹחֲשִׁים, ”יִהְיֶה קָשֶׁה לְעִתִּים,
אַךְ אַל תִּדְאַג, תִּינוֹק חַד-קֶרֶן, אֲנַחְנוּ כָּאן לְצִדְּךָ.
תּוֹמְכִים וְנוֹתְנִים לְךָ גַּב. בְּעֵינֵינוּ אֵינְךָ יָכוֹל לִטְעוֹת“.

עַל הַמִּלִּים הָאַחֲרוֹנוֹת הֵם חוֹזְרִים שׁוּב וָשׁוּב
וְרוֹקְעִים בְּחָזְקָה בִּפְרָסוֹת מֻזְהָבוֹת:
"אֵינְךָ יָכוֹל לִטְעוֹת בְּעֵינֵינוּ, תִּינוֹק חַד-קֶרֶן.
דַּע זֹאת, תִּינוֹק חַד-קֶרֶן".

וְעוֹד הֵם מַמְשִׁיכִים: ״מְשִׂימָתְךָ הַיְּחִידָה הִיא לִבְחֹר
מִי תִּרְצֶה לִהְיוֹת.
נַעֲשֶׂה הַכֹּל כְּדֵי לִתְמֹךְ בְּךָ בְּכָל בְּחִירָה.

נִהְיֶה כָּאן לְצִדְּךָ, לְשַׁתֵּף הֶאָרוֹת, מוּדָעֻיּוֹת וְתוּשִׁיָּה
וּנְסַיֵּעַ לְךָ כְּדֵי שֶׁהַמַּסָּע שֶׁלְּךָ יִהְיֶה קָלִיל, שָׂמֵחַ וְצוֹהֵל כְּכָל הָאֶפְשָׁר״.

"זְכֹר", הֵם מַמְשִׁיכִים,
"מֵעַל לַכֹּל, תִּינוֹק חַד-קֶרֶן, אֵינְךָ לְבַד.
אֲנַחְנוּ כָּאן בִּשְׁבִילְךָ.
תָּמִיד.

בְּכָל רֶגַע שֶׁל כָּל יוֹם הַכָּרַת תּוֹדָה מְפַעֶמֶת בָּנוּ עַל קִיּוּמְךָ.

"נַצְנֵץ, הֲוָיָה מַרְהִיבָה, הָאֵר לְמֶרְחַקִּים.

בָּרוּךְ הַבָּא לָעוֹלָם וְלִמְצִיאוּת חֲדָשָׁה שֶׁל אֶפְשָׁרֻיּוֹת,
שֶׁבְּבוֹאֲךָ עָזַרְתָּ לִיצֹר!"

”עַכְשָׁיו הַזְּמַן שֶׁלְּךָ“, הֵם אוֹמְרִים,
מְנַעֲרִים רְעָמוֹת מֻזְהָבוֹת
וּמְטַר כּוֹכָבִים זוֹהֲרִים נִגָּר עַל תִּינוֹק חַד-הַקֶּרֶן.

הַכּוֹכָבִים מְנַצְנְצִים דִּגְדּוּגִים וְתִינוֹק חַד-הַקֶּרֶן צוֹחֵק
צְחוֹק יְפֵהפֶה, חָדָשׁ וּבוֹהֵק
שֶׁטֶּרֶם נִשְׁמַע עַל הַכַּדּוּר.

לִצְלִילֵי הַצְּחוֹק הַמִּתְנַגְּנִים בָּעוֹלָם
תִּינוֹק חַד-הַקֶּרֶן
נָכוֹן לִשְׁעֹט קָדִימָה,
לִהְיוֹת הַפֶּלֶא!

קוֹרֵא יָקָר,
אִם סַקְרָן אַתָּה לָדַעַת הֵיכָן נִתָּן לִמְצֹא
תִּינוֹקוֹת חַד-קֶרֶן, בּוֹא וַאֲסַפֵּר לְךָ סוֹד:

הֵם מַמָּשׁ כָּאן, בְּרֶגַע זֶה, קוֹרְאִים אֶת אֵלּוּ הַמִּלִּים...

אַתָּה אֶחָד מֵהֶם,

אַתָּה תִּינוֹק חַד-קֶרֶן, חֲבֵרִי

וְעַכְשָׁיו זֶה הַזְּמַן שֶׁלְּךָ.

יוֹצְרֵי הַסֵּפֶר:

ד"ר דֵּיְין הִיר, וִירְטוּאוֹז אֶנֶרְגֵּטִי מְשַׁנֶּה עוֹלָמוֹת בַּעַל כִּשָּׁרוֹן מְיֻחָד וְיָדוּעַ פָּחוֹת כְּלוֹחֵשׁ לְתִינוֹקוֹת.
הוּא גָּר בְּטֶקְסַס, ארה"ב, וְזֶהוּ סֵפֶר הַיְּלָדִים הָרִאשׁוֹן שֶׁלּוֹ.
www.drdainheer.com

קָתָרִינָה וַלֶנְטִין, חוֹקֶרֶת נִלְהֶבֶת שֶׁל הַקֶּסֶם הָאֶפְשָׁרִי עַל הַפְּלָנֵטָה הַיָּפָה שֶׁלָּנוּ. הִיא גָּרָה בִּשְׁבֶדְיָה עִם בִּתָּהּ, שֶׁהִיא חֲדַת-קֶרֶן בְּאֹפֶן מֻבְהָק.
www.katarinawallentin.com

אִיּוּרִים

נָטָלִי בּוּואה מְאַיֶּרֶת עַצְמָאִית.
חַיָּה בְּאַרְגֶּנְטִינָה וּמְצַיֶּרֶת צִיּוּרִים לָעוֹלָם.
אוֹהֶבֶת לְאַיֵּר לִילָדִים וְכָל מָה שֶׁקָּשׁוּר לְחַיֵּי הַיּוֹם-יוֹם...
בְּיִחוּד אֹכֶל מַמָּשׁ טָעִים!
www.childrensillustrators.com

www.ingramcontent.com/pod-product-compliance
Lightning Source LLC
Chambersburg PA
CBHW060800150426
42813CB00058B/2753
* 9 7 8 1 6 3 4 9 3 2 9 6 7 *